Texto: Anna Obiols
Ilustraciones: Subi

Estegosaurio

El dinosaurio más amistoso

edebé

Tengo un amigo.

A menudo lo confunden

con un dragón, aunque no lo es.

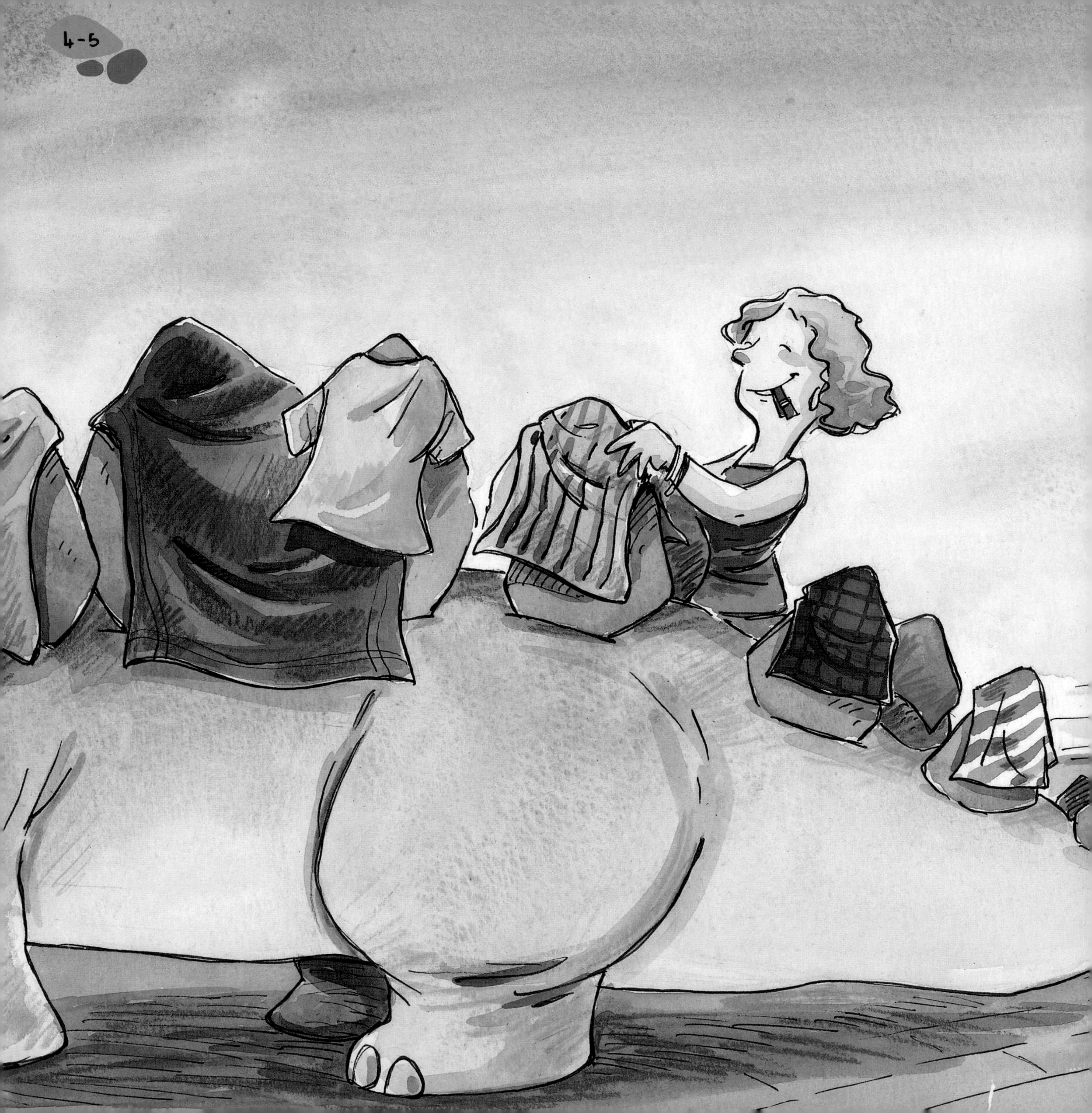

Mi madre está contenta pues la ayuda
siempre a colgar la ropa para que se seque.

Pero es difícil
hacerle un vestido
con tantos
pinchos.

Un día que fuimos de excursión,
fue una suerte que estuviese
con nosotros pues nos ayudó
a cruzar un río.

Incluso, un año, lo utilizamos

como carroza durante el carnaval.

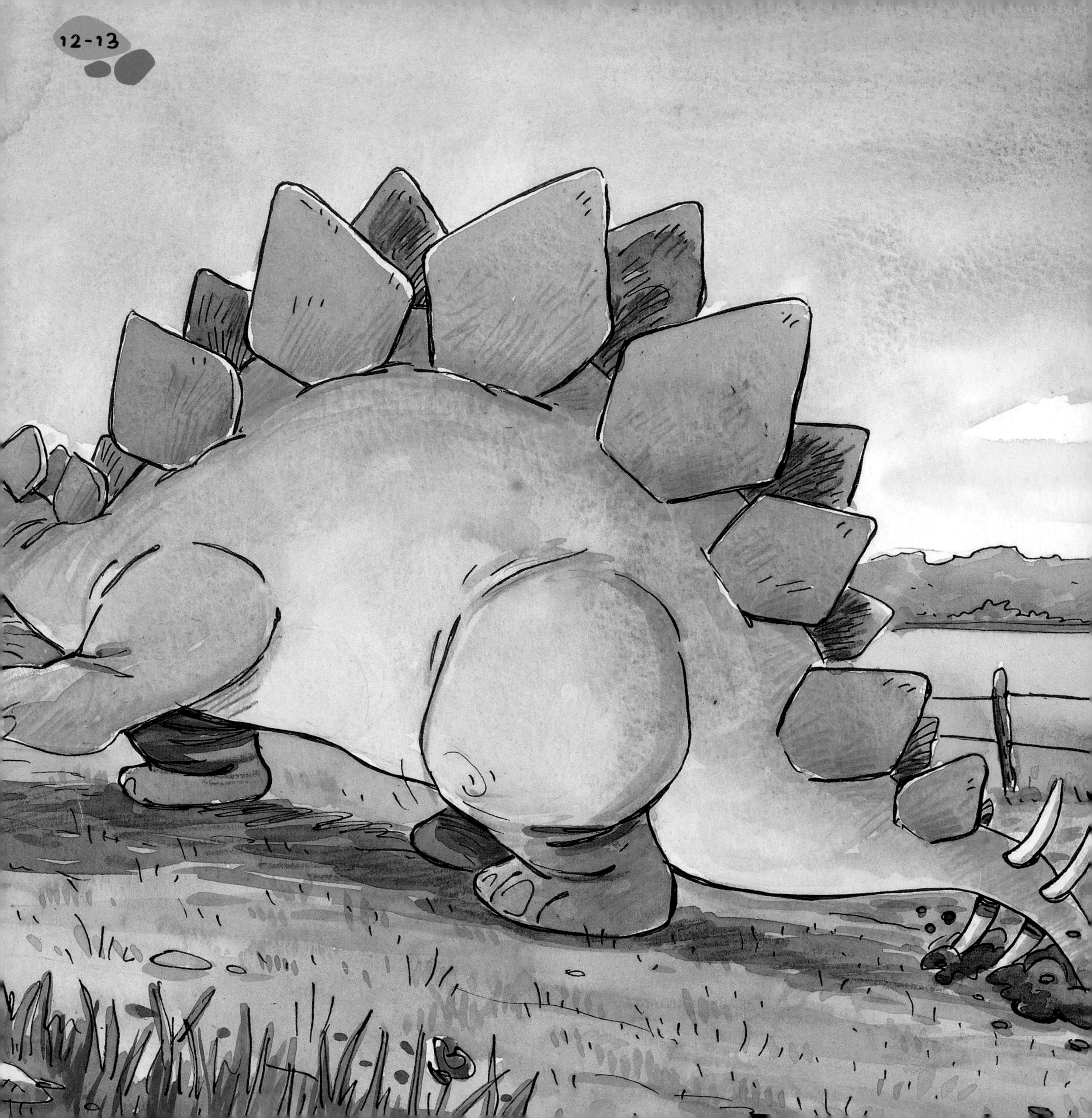

Mi amigo siempre echa una mano

a mi tío cuando le toca arar el campo.

Sus placas son

un escudo perfecto

cuando los amigos

jugamos a lanzarnos

bolas de nieve.

A menudo me pide que le pinte los pinchos de colores para estar más guapo y así encontrar novia.

Un día que me acompañó al mar,
un tiburón se llevó un buen susto.

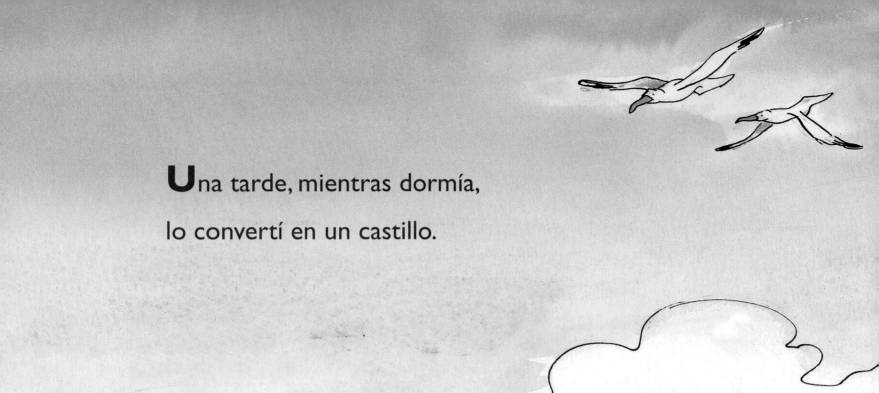

Una tarde, mientras dormía,

lo convertí en un castillo.

Cuando jugamos al escondite,

lo encuentro siempre a la primera.

Como su cabeza casi toca el suelo, se pasa muchas horas oliendo las plantas del jardín de casa mientras que con la cola espanta a los insectos que lo molestan.

¿**S**abéis quién es mi amigo?

El ESTEGOSAURIO que todas

las noches duerme conmigo.

¡Buenas noches!

Su espalda estaba coronada
por hileras de anchas placas.

Tenía el cerebro muy
pequeño, del tamaño de
una nuez.

La cabeza era alargada.
Si la comparamos
con su enorme cuerpo,
la tenía minúscula.

El Estegosaurio

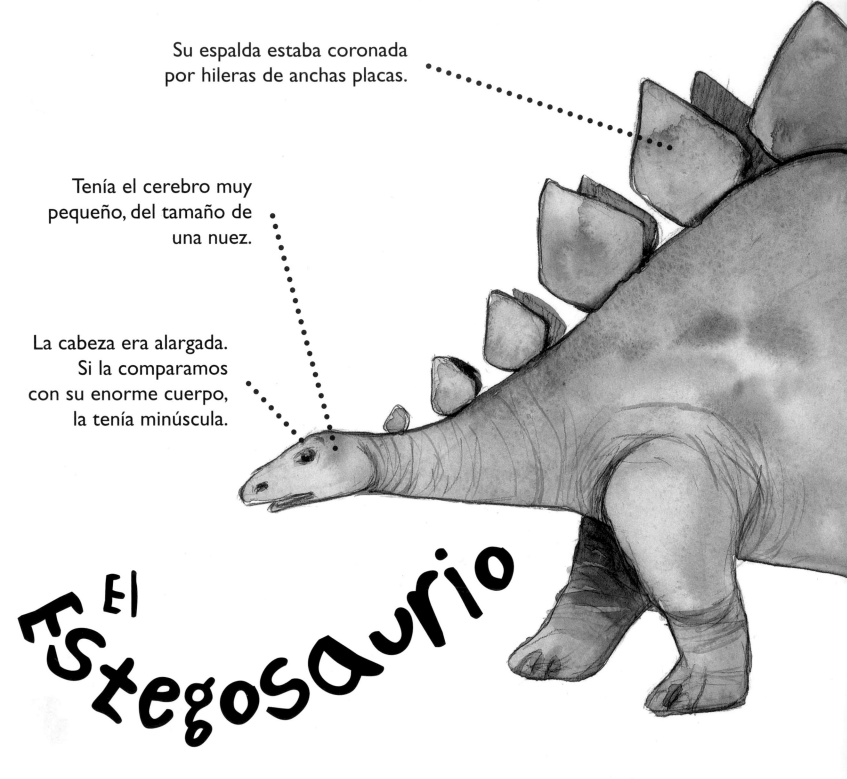

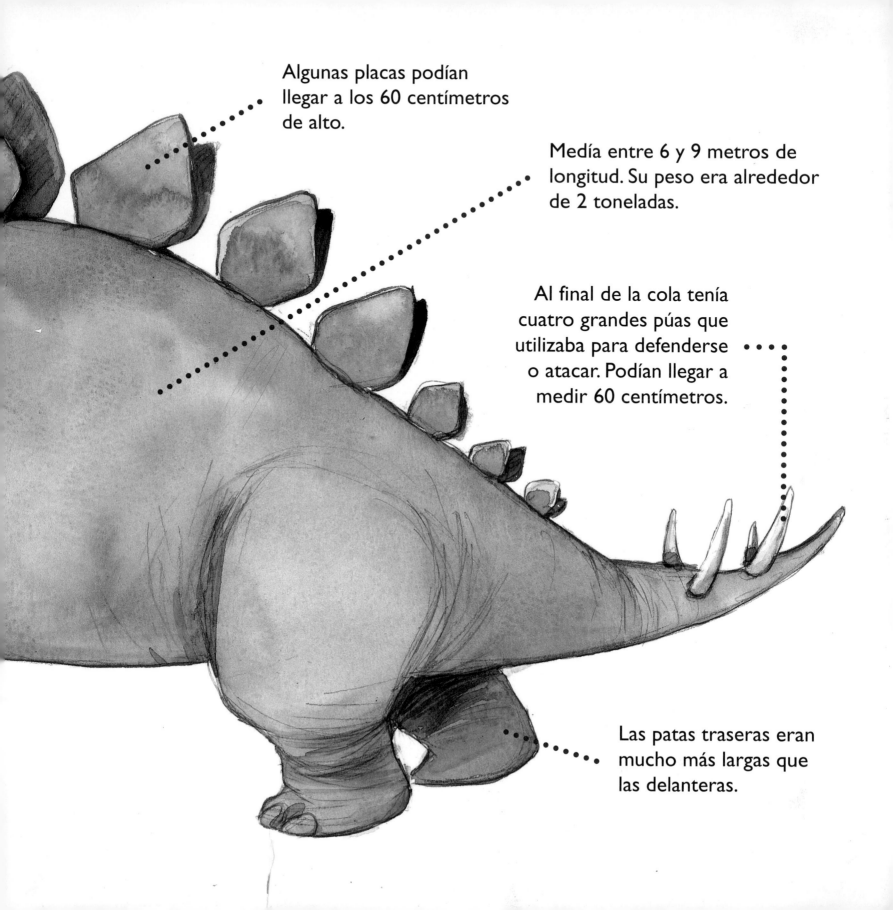

Algunas placas podían llegar a los 60 centímetros de alto.

Medía entre 6 y 9 metros de longitud. Su peso era alrededor de 2 toneladas.

Al final de la cola tenía cuatro grandes púas que utilizaba para defenderse o atacar. Podían llegar a medir 60 centímetros.

Las patas traseras eran mucho más largas que las delanteras.

DESCRIPCIÓN CIENTÍFICA DEL ESTEGOSAURIO

Su nombre significa «reptil con tejado».
Vivió durante el Jurásico Superior, es decir, a finales del Jurásico, aproximadamente hace unos 156-140 millones de años.
Durante el Jurásico existían dos grandes continentes: uno en el norte y otro en el sur, separados por un inmenso mar.
Hacía muchísimo calor, la humedad era muy elevada y existían inmensos bosques de coníferas.

CURIOSIDADES:

- El Estegosaurio vivió en América del Norte y en Europa.
- Se lo denominó el *dinosaurio tonto* a causa de su pequeño cerebro, que tenía la medida de una nuez.
- Presentaba una desproporción entre las patas delanteras y las traseras, que eran dos veces más largas.

CARACTERÍSTICAS

El Estegosaurio era un dinosaurio herbívoro cuadrúpedo, es decir, andaba sobre las cuatro patas.

Se le distingue muy fácilmente por la hilera de placas que tenía en la espalda, distribuidas en dos filas sobre el tronco. Estas placas eran de hueso y tenían una forma triangular.

En la cola tenía cuatro grande pinchos o púas que le servían para defenderse y atacar.

En comparación con su cuerpo, la cabeza y el cerebro eran muy pequeños, con un pico muy débil y dientes pequeños.

Se sabe que tenía unos intestinos muy grandes porque no masticaba los alimentos sino que tragaba enormes cantidades de plantas que fermentaban en el interior de éstos. Como otros dinosaurios, el Estegosaurio se tragaba también piedras que lo ayudaban a triturar la comida. Cuando estas piedras se desgastaban, el animal las remplazaba por otras.

El cráneo, de posición baja, nos hace pensar que el Estegosaurio se podría haber alimentado con vegetación de crecimiento bajo: matas, arbustos, frutos de distintas plantas sin flor y follaje.

Los primeros huesos de Estegosaurio fueron identificados por Othniel Charles Marsh, un paleontólogo estadounidense que vivió en el siglo XIX. Existió una gran rivalidad entre él y Edward Drinker Cope, otro paleontólogo buscador de fósiles.

La enorme rivalidad que existió entre estos dos científicos se conoce como la «Guerra de los Huesos». Lo más positivo de esta «guerra» fue que contribuyó al conocimiento de la vida prehistórica. Se descubrieron y describieron más de 142 especies nuevas de dinosaurios.

Información general sobre los dinosaurios

Dinosaurio significa «terrible, poderoso lagarto o reptil imponente».

Los dinosaurios eran un grupo de animales muy variado que vivió en la Tierra hace ya millones de años. La época en que vivieron se divide en tres grandes períodos: el Triásico, el Jurásico y el Cretácico. Todo lo que se conoce sobre estos animales es gracias a los fósiles, es decir, los restos de animales y plantas que vivieron hace muchos años y que se han convertido en piedra. Gracias a restos fósiles como huesos, huellas, pieles, huevos… podemos saber qué comían, cómo se movían, cómo nacían… Los paleontólogos son los científicos que estudian a los dinosaurios. Cuando se encuentran restos de dinosaurio, lo primero que se hace es desenterrarlos con mucho cuidado. Luego se transporta todo el material, procurando que no sufra daño alguno, hasta el laboratorio. A menudo todos los fósiles se envuelven con yeso como hacen los médicos cuando enyesan

piernas rotas. Más tarde se limpian todos los restos que se han encontrado y finalmente se monta el esqueleto como si fuesen piezas de un rompecabezas. Algunos de estos esqueletos se pueden ver en museos que hay diseminados por el mundo. Gracias a los investigadores y a los científicos, hoy sabemos que los dinosaurios nacían de huevos, como los actuales pájaros o reptiles. Su piel debía de ser rugosa y muy gruesa, parecida a la de los cocodrilos. Lo que no podemos saber es de qué color era la piel. También sabemos que algunos eran herbívoros, es decir, que se alimentaban de plantas, y otros eran carnívoros porque comían carne.

Algunos andaban sobre dos patas, los bípedos, otros lo hacían sobre cuatro, los cuadrúpedos, y algunos podían hacerlo, indistintamente, sobre dos o cuatro. Aunque los conocemos por sus enormes dimensiones, algunos dinosaurios medían como un hombre o eran aún más pequeños.

Estegosaurio

Autora: **Anna Obiols**

Ilustraciones: **SUBI -Joan Subirana-**

Diseño y maquetación: **Gemser Publications, S.L.**

© **Gemser Publications, S.L. 2012**

© **de la edición: EDEBÉ 2012**

Paseo de San Juan Bosco, 62   08017 Barcelona

www.edebe.com

ISBN: 978-84-683-0353-6

Impreso en China

Primera edición, enero 2012

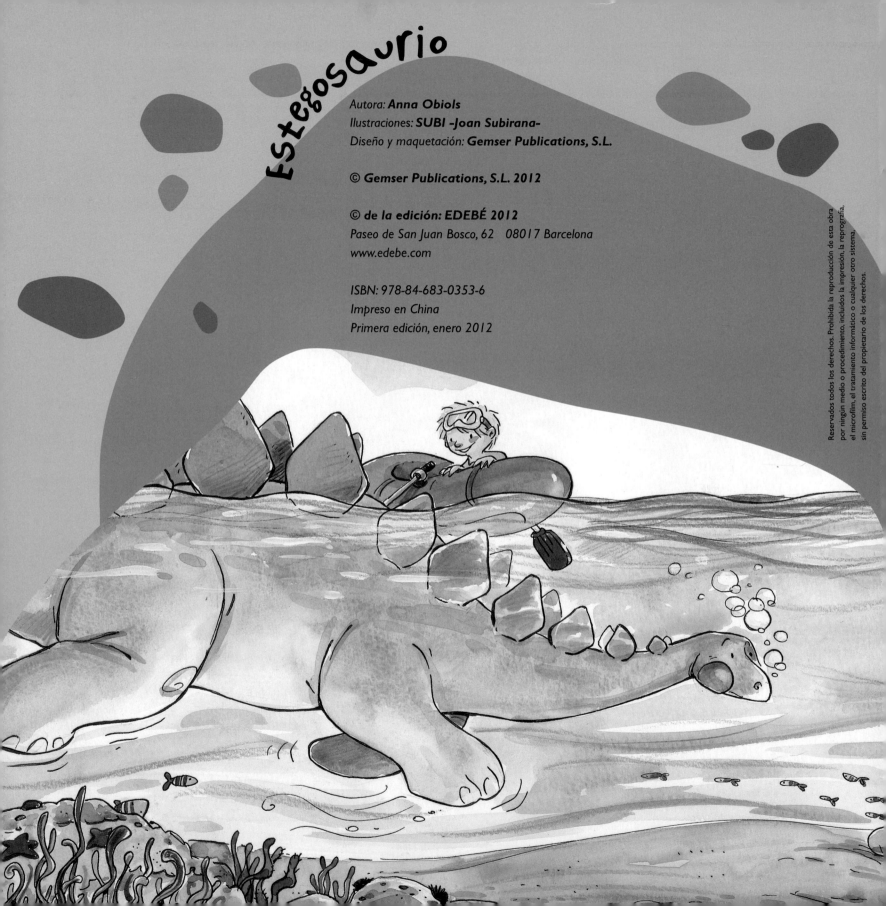